云 南 省 地 方 标 准

硫磺温拌再生沥青混合料施工技术规范

DB 53/T 658—2014

人民交通出版社股份有限公司
China Communications Press Co.,Ltd.

图书在版编目(CIP)数据

硫磺温拌再生沥青混合料施工技术规范 / 云南省公路科学技术研究院，云南省昆明公路管理总段编. —北京 ：人民交通出版社股份有限公司，2015.5

ISBN 978-7-114-12247-7

Ⅰ.①硫… Ⅱ.①云… ②云… Ⅲ.①硫磺—沥青拌和料—沥青路面—再生路面—路面施工—技术规范 Ⅳ.①U416.217-65

中国版本图书馆 CIP 数据核字(2015)第 114278 号

云南省地方标准

书　　名：硫磺温拌再生沥青混合料施工技术规范(DB 53/T 658—2014)

著 作 者：云南省公路科学技术研究院　云南省昆明公路管理总段

责任编辑：刘永芬　李　娜

出版发行：人民交通出版社股份有限公司

地　　址：(100011)北京市朝阳区安定门外外馆斜街 3 号

网　　址：http://www.ccpress.com.cn

销售电话：(010)59757973

总 经 销：人民交通出版社股份有限公司发行部

经　　销：各地新华书店

印　　刷：北京鑫正大印刷有限公司

开　　本：880×1230　1/16

印　　张：1.25

字　　数：28 千

版　　次：2015 年 6 月　第 1 版

印　　次：2015 年 6 月　第 1 次印刷

书　　号：ISBN 978-7-114-12247-7

定　　价：15.00 元

(有印刷、装订质量问题的图书由本公司负责调换)

目　次

前　言

本标准按照《标准化工作导则　第1部分：标准的结构和编写》(GB/T 1.1—2009)给出的规则起草。

本标准由云南省交通运输厅提出。

本标准由云南省交通运输标准化技术委员会(YNTC 13)归口。

本标准主要起草单位：云南省公路科学技术研究院、云南省昆明公路管理总段。

本标准主要起草人：周彬、李建科、俞家川、何忠、贾敬鹏、田卫群、严世祥、白丛启、赵小洁、房刚、李四红、蔡光源。

引　言

硫磺温拌再生沥青混合料是结合沥青温拌技术与热再生技术发展而来的新型环保型路面材料，具有热再生技术和温拌技术的特点，回收沥青路面材料(RAP)的掺加比例达到50%以上，实现了较低温度下的拌和与压实，从而达到回收沥青路面材料循环利用和节能减排的目的。

为了适应硫磺温拌再生沥青路面推广应用的需要，指导云南省硫磺温拌再生沥青路面的施工、检测及验收，保证硫磺温拌再生沥青路面的质量，结合云南省的气候特点，制定了《硫磺温拌再生沥青混合料施工技术规范》。

《硫磺温拌再生沥青混合料施工技术规范》规定了道路用硫磺温拌再生沥青混合料的术语和定义、适用范围、要求、试验方法、检验指标，适用于云南省硫磺温拌再生沥青混合料的生产、施工、质量控制和检测。

硫磺温拌再生沥青混合料施工技术规范

1 范围

本标准规定了道路用硫磺温拌再生沥青混合料的术语和定义、分类和适用范围、技术要求、试验方法、施工工艺和质量检测。

本标准适用于云南省各等级公路和市政道路的新建、改建及养护工程中硫磺温拌再生沥青混合料的生产、施工、质量控制和检测。

2 规范性引用文件

下列文件对于本标准的应用是必不可少的。凡是注日期的引用文件，仅所注日期的版本适用于本文件。凡是不注日期的引用文件，其最新版本(包括所有的修改单)适用于本文件。

GB/T 2449 工业硫磺

GB/T 8928 固体和半固体石油沥青密度测定法

JTJ 034 公路路面基层施工技术规范

JTG D50 公路沥青路面设计规范

JTG E20 公路工程沥青及沥青混合料试验规程

JTG E42 公路工程集料试验规程

JTG E60 公路路基路面现场测试规程

JTG F40 公路沥青路面施工技术规范

JTG F41 公路沥青路面再生技术规范

3 术语、定义及符号

下列术语、定义及符号适用于本文件。

3.1 术语和定义

3.1.1 硫磺添加剂

本标准采用的硫磺添加剂，是指加入了烟雾抑制剂、增塑剂等外掺剂的环保型低嗅硫磺添加剂。

3.1.2 回收沥青路面材料(RAP)

回收沥青路面材料指采用铣刨、开挖等方式从沥青路面上获得的回收沥青路面材料(Reclaimed Asphalt Pavement)，简称 RAP。

3.1.3 温拌再生沥青混合料

将回收的沥青路面材料(RAP)运至沥青拌和厂(场、站)，经破碎、筛分，以一定的比例与新掺集料、沥青、硫磺添加剂一起，在 130～140℃温度下，通过再生沥青拌和站拌制成的沥青混合料。

3.2 符号

3.2.1 OAC

OAC 指沥青混合料的最佳沥青用量,Optimum Asphalt Content 的略语。

3.2.2 MS

MS 指马歇尔试验稳定度。

3.2.3 FL

FL 指马歇尔试验的流值。

3.2.4 VV

VV 指压实沥青混合料的空隙率,即矿料及沥青以外的空隙(不包括矿料自身内部的孔隙)体积占试件总体积的百分率,Volume of Air Voids 的略语。

3.2.5 VMA

VMA 指压实沥青混合料中的矿料间隙率,即试件全部矿料部分以外的体积占试件总体积的百分率,Voids in Mineral Aggregate 的略语。

3.2.6 VFA

VFA 指压实沥青混合料中的沥青饱和度,即试件矿料间隙中扣除被集料吸收的沥青以外的有效沥青结合料部分的体积在 VMA 中所占的百分率,Voids Filled with Asphalt 的略语。

3.2.7 DS

DS 指沥青混合料车辙试验的动稳定度,Dynamic Stability 的略语。

4 材料

4.1 一般规定

沥青路面使用的沥青、集料、矿粉等原材料的技术要求若无特殊说明,其相应指标应符合《公路沥青路面施工技术规范》(JTG F40)的相关技术要求。试验方法参照《公路工程沥青及沥青混合料试验规程》(JTG E20)和《公路工程集料试验规程》(JTG E42)。

4.2 沥青

采用的沥青标号,宜按照公路等级、气候条件、交通条件、路面类型及在路面结构层中的层位、受力特点、施工方法等,结合当地的使用经验,经技术论证后使用。沥青的技术指标应满足《公路沥青路面施工技术规范》(JTG F40—2004)中表 4.2.1-2 的要求。

4.3 集料

4.3.1 粗集料质量应符合《公路沥青路面施工技术规范》(JTG F40)的要求。

4.3.2 细集料质量应符合《公路沥青路面施工技术规范》(JTG F40)的要求。

4.3.3 填料质量应符合《公路沥青路面施工技术规范》(JTG F40)的要求。不得使用沥青拌和站的回收粉和粉煤灰。

4.4 回收沥青路面材料(RAP)

回收沥青路面材料(RAP)必须经过预处理后方可使用。回收沥青路面材料(RAP)的预处理方法见本标准第7章。其质量应符合表1的要求。

表1 回收沥青路面材料(RAP)质量技术要求

材料	检测项目	高速公路、一级公路		其他等级公路	试验方法
		表面层	其他层次		
RAP	含水率	实测			参见《公路沥青路面再生技术规范》(JTG F41—2008)附录A
	RAP级配	实测			
	沥青含量	实测			
	砂当量(%)	≥55			
RAP中的沥青	针入度(0.1mm)	≥20			抽提,《公路工程沥青及沥青混合料试验规程》(JTG E20)
	60℃黏度	实测			
	软化点	实测			
	15℃延度	实测			
RAP中的粗集料	针片状颗粒含量	≤15	≤18	≤20	抽提,《公路工程集料试验规程》(JTG E42)
	粒径大于9.5mm	≤12	≤15	—	
	粒径小于9.5mm	≤18	≤20	—	
	压碎值	≤26	≤28	≤30	
RAP中的细集料	棱角性	≥30		—	

4.5 硫磺添加剂

硫磺添加剂技术要求应符合表2的要求。必须设置专门的场地对硫磺添加剂进行堆放,做好防火、防雨、防潮措施,并设置相应的安全标志。

表2 硫磺添加剂技术要求

指标	技术要求	试验方法
外观	烟灰黑色固体颗粒	观察法
最大粒径(mm)	≤5	游标卡尺测量
硫磺含量(%)	≥97	GB/T 2449
灰分含量(%)	≤3	GB/T 2449
密度(g/cm^3)	实测记录	GB/T 8928

5 硫磺温拌再生沥青混合料

5.1 一般规定

5.1.1 温拌再生沥青混合料级配类型为《公路沥青路面施工技术规范》(JTG F40—2004)中表5.1.1

的密级配类型。

5.1.2　温拌再生沥青混合料应满足所处路面结构层位的功能性要求，便于施工，不容易离析。当发现混合料结构组合及级配类型的设计不合理时，应进行修改、调整，以确保沥青路面的使用性能。

5.2　马歇尔试验指标和混合料性能要求

5.2.1　硫磺温拌再生沥青混合料的马歇尔试验技术指标应符合表3的规定。

表3　硫磺温拌再生沥青混合料马歇尔试验技术标准

试验指标		高速公路、一级公路				其他等级道路	行人道路
		夏炎热区		夏热区及夏凉区			
		1-1、1-2、1-3、1-4区		2-1、2-2、2-3、2-4、3-2区			
		中轻交通	重载交通	中轻交通	重载交通		
击实次数(双面)(次)		75				75	50
试件尺寸(mm)		ϕ101.6mm×63.5mm					
空隙率VV(%)	深约90mm以内	2～4	3～5	2～4	3～5	3～5	2～4
	深约90mm以下	2～4		2～4		3～5	—
稳定度MS(kN)		≥8				≥5	≥3
流值FL(mm)		2～4	1.5～4	2～4.5	2～4	2～4.5	2～5
矿料间隙率VMA(%)，不小于	设计孔隙率(%)	相应于以下公称最大粒径(mm)的最小VMA及VFA技术要求					
		26.5	19	16	13.2	9.5	4.75
	2	10	11	11.5	12	13	15
	3	11	12	12.5	13	14	16
	4	12	13	13.5	14	15	17
	5	13	14	14.5	15	16	18
沥青饱和度VFA(%)		55～77	65～75			70～85	

注：当设计的孔隙率不是整数时，由以内确定要求的VMA最小值

5.2.2　硫磺温拌再生沥青混合料动稳定度技术指标应符合表4的要求。

表4　硫磺温拌再生沥青混合料动稳定度技术要求

气候条件与技术指标	相应于下列气候分区所要求的动稳定度DS(次/mm)									试验方法
七月平均最高气温(℃)及气候分区	>30				20～30				<20	
	1. 夏炎热区				2. 夏热区				3. 夏凉区	
	1-1	1-2	1-3	1-4	2-1	2-2	2-3	2-4	3-2	
硫磺温拌再生沥青混合料	≥2400		≥2800		≥2000		≥2400		≥1800	T 0719

5.2.3　硫磺温拌再生沥青混合料水稳定性技术指标应符合表5的要求。

表 5　硫磺温拌再生沥青混合料水稳性能技术要求

气候条件与技术指标	相应于下列气候分区的技术要求(%)				试验方法
年降雨量(mm)及气候分区	＞1000	500～1000	250～500	＜250	
	1.潮湿区	2.湿润区	3.半干区	4.干旱区	
浸水马歇尔试验残留稳定度	≥85		≥80		T 0709
冻融劈裂试验残留强度比	≥80		≥75		T 0729

5.2.4　硫磺温拌再生沥青混合料低温弯曲试验破坏应变技术指标应符合表 6 的要求。

表 6　硫磺温拌再生沥青混合料低温弯曲试验破坏应变技术要求

气候条件与技术指标	相应于下列气候分区的技术要求(με)									试验方法
年极端最低气温(℃)及气候分区	＜−37.0		−21.5～−37.0			−9.0～−21.5		＞−9.0		
	1.冬严寒区		2.冬寒区			3.冬冷区		4.冬温区		
	1-1	2-1	1-1	2-2	3-2	1-3	2-3	1-4	2-4	
破坏应变(−10℃,50mm/min)	≥2600		≥2300			≥2000				T 0728

6　配合比设计方法

6.1　一般规定

6.1.1　硫磺温拌再生沥青混合料的配合比设计按照《公路沥青路面施工技术规范》(JTG F40—2004)中附录 B 的马歇尔方法进行设计。

6.1.2　硫磺温拌再生沥青混合料的配合比设计应通过目标配合比设计、生产配合比设计及生产配合比验证三个阶段,各阶段的设计内容如下。

a)　目标配合比设计阶段。用工程实际使用的材料优选矿料级配、确定最佳沥青用量,符合配合比设计技术标准和配合比设计检验要求,以此作为目标配合比,供拌和机确定各冷料仓的供料比例、进料速度及试拌使用,由于 RAP 中含有沥青,在进行配合比设计时需要考虑该沥青量。

b)　生产配合比设计阶段。对间歇式拌和机,应按规定方法取样测试各热料仓的材料级配,确定各热料仓的配合比,供拌和机控制室使用。同时选择适宜的筛孔尺寸和安装角度,尽量使各热料仓的供料大体平衡。取目标配合比设计的最佳沥青用量 OAC、OAC±0.3%这 3 个沥青用量进行马歇尔试验,通过室内试验及从拌和机取样试验综合确定生产配合比的最佳沥青用量,由此确定的最佳沥青用量与目标配合比设计的结果差值应在±0.2%之内。

c)　生产配合比验证阶段。拌和机按生产配合比结果进行试拌、铺筑试验段,取样进行马歇尔试验,同时钻芯取样检测芯样的空隙率大小,由此确定生产用的标准配合比,确定施工级配的允许波动范围。经设计确定的标准配合比,在施工过程中不得随意变更。

6.1.3　硫磺温拌再生沥青混合料应用于路面的中、下面层时,回收沥青路面材料(RAP)的用量一般为混合料质量的 40%～60%;应用于路面的上面层时,回收沥青路面材料(RAP)的用量一般为混合料质量的 20%～30%。

6.1.4 硫磺添加剂用量一般为温拌再生沥青混合料质量的0.8%～1.5%，具体掺量应结合混合料的路用性能指标确定。一般情况下，对温拌再生沥青混合料的高温性能要求较高时，硫磺添加剂的掺量就越高；对温拌再生沥青混合料的低温性能要求较高时，硫磺添加剂的掺量就越低。

6.1.5 新添加的粗、细集料及填料用量，应结合回收沥青路面材料(RAP)的级配和相应沥青混合料的级配类型要求进行掺配。

6.2 室内试验要求

6.2.1 试验室环境和仪器设备要求

6.2.1.1 试验室必须配备足够的通风设备，可以将硫磺添加剂沥青混合料制备过程中产生的烟气排到试验室环境之外。

6.2.1.2 应采用具备控温装置的自动拌和设备进行硫磺温拌再生沥青混合料的拌制，不得采用人工拌和的方式拌制。

6.2.1.3 烘箱必须精确控温，具备热风循环装置。

6.2.1.4 必须配备测温设备，例如红外线测温设备、水银温度计等。

6.2.1.5 沾染有温拌再生沥青混合料的工具，应在加热前用合适的溶剂清理干净；原材料和工具模具不得加热至150 ℃以上。

6.2.1.6 试验操作人员应配备工作服、隔热手套、眼罩等劳保用品，操作过程中应遵守相应设备的使用规定。

6.2.2 室内试验操作要求

室内试验时应按照表7的温度要求及以下加料顺序和拌和时间要求进行操作，将温拌再生沥青混合料拌和均匀、无花白料。

a) 马歇尔试件拌和顺序：回收沥青路面材料(RAP)和集料，预拌和5～10s → 加入沥青，拌和60s → 加入硫磺添加剂和矿粉，拌和120s。

b) 车辙试件拌和顺序：回收沥青路面材料(RAP)和集料，预拌和5～10s → 加入沥青，拌和90s → 加入硫磺添加剂和矿粉，拌和240s。

表7 硫磺温拌再生沥青混合料室内拌和温度控制要求

项　目	要　求	项　目	要　求
RAP加热温度	130～140℃	拌和温度	130～140℃
石料加热温度	135～145℃	成型温度	130～140℃
沥青加热温度	140～145℃	—	—

6.3 硫磺温拌再生沥青混合料的养生方法

由于温拌再生沥青混合料强度的形成需要一定的时间(硫磺添加剂的析出过程)，因此试件成型后需要进行养生。

a) 自然条件下的养生方法：试件成型后自然干燥条件下养生10d。

b) 快速养生方法：试件成型后先在室温条件下冷却4h以上，然后放入(60±1)℃的烘箱内养生24h，接着冷却至室温(4h以上)。

注：自然养生和快速养生测得的试件强度相关性较好，室内试验推荐采用快速养生方法。

7 回收沥青路面材料的预处理与堆放

7.1 一般规定

7.1.1 使用推土机、装载机等机具将一个料堆的回收沥青路面材料(RAP)充分混合，然后用破碎机进行破碎，确保回收沥青路面材料(RAP)最大粒径小于再生沥青混合料的最大公称粒径，不得有超粒径颗粒。不得使用未经预处理的回收沥青路面材料(RAP)。

7.1.2 根据再生混合料的最大公称粒径合理选择筛孔尺寸，将处理后的回收沥青路面材料(RAP)筛分成不少于两档材料分别堆放。

7.1.3 堆放场地应做好料场的分隔墙，防止集料混料、窜料，并完善堆放场地的排水设施。

7.1.4 经过预处理和筛分的回收沥青路面材料(RAP)，可用装载机和汽车等将其转运到堆料场均匀堆放，转运和堆放过程中应避免回收沥青路面材料(RAP)的离析。

7.1.5 回收沥青路面材料(RAP)应避免长时间堆放，拌和机料仓中的回收沥青路面材料(RAP)应及时使用。

7.1.6 使用回收沥青路面材料(RAP)时，应从料堆的一端开始在全高范围内铲料。

8 施工

8.1 施工准备

8.1.1 施工前应对施工机具和设备进行全面检查、调试，保证设备处于良好状态，特别是拌和机、摊铺机的计量设备，如电子秤、自动找平装置等，必须进行计量标定或调校。

8.1.2 铺筑温拌再生沥青混合料前应检查下卧层的质量，不符合要求时不得铺筑。当下卧层已被污染时，必须进行清扫、清洗，处理合格后方可铺筑。

8.2 铺筑试验路段

正式施工前，必须铺筑试验路段，试验路段的长度应不小于200m。

8.3 混合料的拌制

8.3.1 温拌再生沥青混合料必须采用配有回收沥青路面材料(RAP)加热和添加装置的间歇式沥青拌和站拌制生产，回收沥青路面材料(RAP)在专门的干燥滚筒中用热气进行加热，禁止使用明火加热。

8.3.2 拌和厂的设置必须符合国家有关环境保护、消防、安全等规定。

8.3.3 温拌再生沥青混合料的拌和温度应控制在130～145℃范围内，气温高时选低限，气温低时选高限。拌和温度任何时候都不能超过150℃。若加热温度超过150℃，硫磺挥发的成分会增加，硫化氢(H_2S)气体会加倍产生，同时会降低温拌再生沥青混凝土的路用性能。

8.3.4 若沥青混合料热再生拌和机自身具有外加剂计量和添加装置，则可以利用其实现硫磺添加剂的自动添加；若无外加剂计量和添加装置，则必须配备一套硫磺添加剂自动上料系统，其原理类似于矿粉添加系统。

8.3.5 各种材料推荐添加及拌和顺序：新集料 →回收沥青路面材料(RAP)→ 硫磺添加剂 → 沥青及填料。

8.3.6 新集料、回收沥青路面材料(RAP)和硫磺添加剂应先干拌5～10s，以利于硫磺添加剂的分散，加入沥青及填料后的拌和时间不得小于30s，拌和至混合料均匀、无花白料。

8.3.7 硫磺温拌再生沥青混合料拌和及摊铺温度应符合表8的要求。

表 8　拌和站生产硫磺温拌再生沥青混合料温度控制要求

项　　目	要　　求	项　　目	要　　求
RAP 加热温度	130～140℃	摊铺温度	125～140℃
石料加热温度	135～145℃	初压温度	125～140℃
沥青加热温度	140～145℃	碾压终了温度	≤80℃
出厂温度	135～145℃	开放交通温度	≤50℃

8.4　运输

温拌再生沥青混合料的运输应符合《公路沥青路面施工技术规范》(JTG F40—2001)中 5.5 节的要求。

8.5　摊铺

温拌再生沥青混合料的摊铺应符合《公路沥青路面施工技术规范》(JTG F40—2004)中 5.6 节的要求。

8.6　碾压及成型

温拌再生沥青混合料的碾压及成钢应符合《公路沥青路面施工技术规范》(JTG F40—2004)中 5.7 节的要求。为防止混合料粘轮，可在钢轮表面涂刷隔离剂或防粘剂，禁止掺加柴油、机油等溶剂型隔离剂，防止过量洒水引起混合料温度的骤降。压路机碾压速度要求见表 9。

表 9　压路机碾压速度(km/h)

压路机类型	初　　压		复　　压		终　　压	
	适宜	最大	适宜	最大	适宜	最大
轮胎压路机	2～3	4	3～5	6	4～5	6
振动压路机	2～3(静压)	3(静压)	3～4.5(静压)	5(振动)	3～5(静压)	6(静压)

8.7　接缝

沥青路面的接缝处理应符合《公路沥青路面施工技术规范》(JTG F40—2004)中 5.8 节的要求。

8.8　开放交通及其他

温拌再生沥青路面开放交通及其他注意事项应符合《公路沥青路面施工技术规范》(JTG F40—2004)中 5.9 节的要求。

9　施工质量控制

9.1　施工前材料与设备检查

9.1.1　施工前必须提供原材料的质量检测报告、温拌再生沥青混合料目标配合比报告和生产配合比报告，并确认符合相关要求。

9.1.2　施工前材料的质量检查应以同一料源、同一批次生产并送至现场的相同规格品种的集料、沥青等为“一批”进行检查，检查频率和要求应符合《公路沥青路面施工技术规范》(JTG F40—2004)中表11.4.3和本标准表10的要求。

表10　温拌再生沥青混合料施工前的材料质量检查与要求

材　　料	检 查 项 目	检 查 频 度		要 求 值
		高速公路、一级公路	其他等级公路	
硫磺添加剂	外观	随时	随时	见表2
	硫磺含量	每批	每批	
	灰分含量	每批	每批	
	密度	每批	每批	
RAP	含水率	每批	每批	见表1
	RAP级配	随时	随时	
	沥青含量	每批	每批	
	砂当量	每批	每批	
RAP中的沥青	针入度(0.1mm)	每批	每批	
	60℃黏度	每批	每批	
	软化点	每批	每批	
	15℃延度	每批	每批	
RAP中的粗集料	针片状颗粒含量、压碎值	每批	每批	
RAP中的细集料	棱角性	每批	每批	

9.2　施工过程中的质量控制

9.2.1　必须对沥青混合料生产过程进行质量控制，并按表11要求的项目和频度检查温拌再生沥青混合料的质量。单点检验评价方法应符合相关试验规程的试样平行试验的要求。

表11　温拌再生沥青混合料检测频率和质量要求

项　　目		检 查 频 度	质量要求或允许误差	试 验 方 法
矿料级配，与生产设计标准级配的差(%)	0.075mm	逐盘在线检测	±2%	计算机采集数据计算
	≤2.36mm		±5%	
	≥4.75mm		±6%	
	0.075mm	逐盘检查，每天汇总1次，取平均值评定	±1%	计算机采集数据计算
	≤2.36mm		±2%	
	≥4.75mm		±2%	
	0.075mm	每台拌和机每天上、下午各1次	±2%	T 0725抽提筛分与标准级配比较的差
	≤2.36mm		±4%	
	≥4.75mm		±5%	

表 11(续)

项　　目	检 查 频 度	质量要求或允许误差	试 验 方 法
沥青含量(油石比)，与生产设计的差(%)	逐盘在线检测	±0.3%	计算机采集数据计算
	逐盘检查，每天汇总1次，取平均值评定	±0.1%	计算机采集数据计算
	每日每机(上、下午各1次)	±0.2%	拌和厂取样 抽提 T 0722、T 0721
马歇尔试验： 稳定度(kN)，不小于	每日每机上、下午各1次，以4～6个试件平均值评定	符合表3要求	拌和厂取样，室内成型试验 T 0702、T 0709
流值(mm)			
空隙率(%)		设计值±1%	
浸水马歇尔	必要时(试件数量同马歇尔试件)	符合本规范规定	T 0702、T 0709
车辙试验	必要时(以3个试件的平均值评定)	符合本规范规定	T 0719

9.2.2　随时目测和检查料堆和皮带运输机上各种材料的质量和均匀性，检查有无泥块及超粒径碎石、是否有窜料现象。目测混合料拌和的均匀性，有无花白料，油石比是否合理，检查集料和混合料的离析情况。

9.2.3　检查拌和机控制室各项参数的设定值、控制屏的显示值，核对计算机采集和打印记录的数据与显示值是否一致。

9.2.4　检测温拌再生沥青混合料的材料加热温度、混合料出厂温度，取样检测混合料的矿料级配、油石比。

9.2.5　取样进行马歇尔试验，测定空隙率、稳定度、流值。

9.2.6　硫磺温拌再生沥青混合料施工过程中必须随时对铺筑质量进行评定，除压实度、渗水系数、施工温度指标满足表12的要求外，其他质量检查的内容、频度允许误差应满足《公路沥青路面施工技术规范》(JTG F40—2004)中表11.5.4-1的要求。

表 12　温拌再生沥青混合料检测频率和质量要求

项　　目	检查频度	质量要求或允许差	试验方法
沥青混合料出厂温度	每车料一次	应符合表8的规定	温度计测定
运输到现场温度			
初压温度			
碾压终了温度			
压实度(%)	每层1组/200m/车道	不小于98(马歇尔密度)	T 0924、T 0922
		不小于93(最大理论密度)	
渗水系数，不大于	每组1组/200m/车道	120mL/min	T 0971

9.3　质量检测与验收

工程完工后，将施工全线以1～3km作为一个评价路段进行质量检查。检查项目、频率、要求及方法按照《公路沥青路面施工技术规范》(JTJ F40—2004)中表11.5.1-1执行。

9.4 安全及劳动保护

硫磺温拌再生沥青混合料生产施工过程应有良好的安全及劳动保护措施，确保安全。相关措施应符合国家有关安全、环保、消防等规定。

DB 53/T 658—2014